Adriana de Fátima Nunes Lima

Histórias de afeto - ensaio de narrativas e de escuta

Adriana de Fátima Nunes Lima

Histórias de afeto - ensaio de narrativas e de escuta

Ensaiando histórias e afetos em hospitais

JustFiction Edition

Imprint
Any brand names and product names mentioned in this book are subject to trademark, brand or patent protection and are trademarks or registered trademarks of their respective holders. The use of brand names, product names, common names, trade names, product descriptions etc. even without a particular marking in this work is in no way to be construed to mean that such names may be regarded as unrestricted in respect of trademark and brand protection legislation and could thus be used by anyone.

Cover image: www.ingimage.com

Publisher:
JustFiction! Edition
is a trademark of
International Book Market Service Ltd., member of OmniScriptum Publishing Group
17 Meldrum Street, Beau Bassin 71504, Mauritius

Printed at: see last page
ISBN: 978-613-9-42443-6

HISTÓRIAS DE AFETOS: ENSAIO SOBRE EXPERIÊNCIAS DE NARRATIVAS PARA PESSOAS EM ESTADO DE SOFRÊNCIA EM HOSPITAIS E A RELAÇÃO DA ESCUTA COM O AUTO EMPODERAMENTO

INDICE

RESUMO

Neste artigo apresento minhas reflexões sobre o "dom" de contar e ouvir histórias, entendendo por "dom", o presente, a dádiva em compartilhar com o outro o que se tem a oferecer, no caso, as histórias. Aqui, não utilizo o sentido de "dom" como aptidão ou poder nato (nascido, inerente, pronto), como diria Cortella (2009): *não nascemos prontos e acabados, é fundamental não nascermos sabendo e nem prontos; o ser que nasce sabendo não terá novidades, só reiterações,* estamos em constante construção. Assim, me utilizo do termo dom como o condão, aquele que conduz à doação, à partilha, à entrega, e dessa forma podendo ser comum a todos, potencializando de afetos positivos tanto o narrador, enquanto conta histórias, quanto aos ouvintes em estado de sofrência, pois esta experiência está localizada na relação contador de histórias e ouvintes em hospitais. Ainda pensaremos de que maneira a escolha das narrativas, as diversas ênfases e a relação da escuta, pode empoderar a ambos (narrador e ouvintes). Entendendo que o que eu falo, não é necessariamente o que o outro escuta. E dialogando com estes três aspectos: a escolha das narrativas, as diversas ênfases e a relação da escuta, amenizar os estados de sofrência de pessoas em situação de internação hospitalar (paciente- acompanhante) e por consequência, o empoderamento do próprio ouvinte, resgatando por meio de suas memórias afetivas, os insigths necessários para a interrupção, mesmo que momentânea do seu estado de sofrência. Ao empoderar o ouvinte, o narrador também é afetado pelo mesmo empoderamento.

Desta forma, estabeleço uma relação com o contar e ouvir histórias e o empoderamento que se dá a partir da criação de novos insights (capacidade de entender verdades escondidas; intuição, discernimento do olhar) ou afetos positivos (aquilo que age sobre um ser), utilizando-me a título de ilustração de uma história que diz respeito ao sentido que as histórias podem fazer em nossas vidas.

PALAVRAS CHAVE: escuta, empoderamento, afetos positivos, amenização, cura.

EM PRIMEIRO LUGAR, A HISTÓRIA.

Numa cidadezinha polonesa do século XIX, um velho professor possuía uma escola na qual ensinava a todos aqueles que se dispusessem a aprender. O professor era chamado por todos de mestre. Além das aulas, o professor era procurado por quase toda a comunidade. Ele era o conselheiro espiritual deles, e as pessoas falavam sobre suas dificuldades, angústias, pesadelos; todo tipo de problema possível e imaginável era levado aos ouvidos do sábio ancião.

Numa linda manhã de primavera, o velho professor estava prestes a começar sua aula, quando um aluno levantou a mão:

- Mestre, posso lhe fazer uma pergunta?

- Claro – disse ele.

- Como o senhor sempre consegue encontrar uma história certa, para a pessoa certa, no momento certo? Todos na cidade dizem que o senhor nunca errou ao contar uma história que faz o outro refletir sobre seus problemas. Como isso é possível?

A sala inteira estava em silêncio, havia muito tempo que aquela pergunta intrigava a todos. O professor olhou carinhosamente para seus alunos, acariciou sua longa e espessa barba branca e disse:

- Isso me lembra uma história!

A classe deu uma gargalhada e aguardou o velho professor começar a falar.

- Há alguns anos, na nossa capital Varsóvia, existia um

jovem apaixonado pela arte do arco e flecha. Ele convenceu os pais a lhe pagarem um curso de arqueiro numa renomada escola da cidade.

Por mais de quatro anos ele treinou, sempre com afinco, fazendo suas próprias flechas e arcos, estudando teorias físicas, matemáticas, que o ajudavam nos exercícios contínuos de arco e flecha.

Depois desse tempo todo, o jovem alcançou uma técnica refinada e certeira. Era hora de sair da escola e participar de campeonatos por todo o país.

Na cidade polonesa de Lublin haveria uma competição e, assim que o jovem chegou à cidade, algo o deixou estupefato.

Ele viu um cercado de madeira comprido e todo pintado com mais de cem alvos, e o mais incrível: todos os alvos tinham marcas de flechadas bem no centro, na pontuação máxima.

O exímio arqueiro analisou por vários minutos aquele extraordinário feito e disse em voz alta, consternado:

- Quem seria capaz de tamanha perfeição, atirar mais de cem vezes e acertar todas na pontuação máxima?

Mal acabara de falar, um menino de mais ou menos dez anos puxou a calça do arqueiro e disse:

- Moço, eu ouvi sua pergunta, posso lhe responder.

- Então diga logo! – respondeu o jovem.

- Fui eu.

O arqueiro parecia meio desnorteado, pensou não ter ouvido

direito, mas o menino confirmou que tinha sido ele o responsável pela façanha.

- Menino, conte a verdade, é feio mentir – insistiu o jovem.

- Moço, posso lhe contar como eu fiz isso?

O arqueiro olhou bem a cara do franzino menino e assentiu com a cabeça.

- Foi fácil, moço. Primeiro eu atirei todas as flechas e depois foi só pintar todos os alvos em volta.

A sala do professor novamente gargalhou. Então ele concluiu sua resposta:

- Meus estimados alunos, eu sou assim, um pouco do arqueiro e do menino. Sempre amei estudar, sempre ouvi e contei muitas histórias. Então, as pessoas vêm até mim, me contam suas dificuldades, seus problemas, e eu apenas pinto as histórias em volta delas, assim como o menino da história fez. (BRENMAN, 2012, O ALVO)

A imagem que trago desta história a partir de minha experiência é em primeiro lugar, o diálogo que se estabelece entre o que eu conto e o como eu conto, ou seja, a escolha das narrativas quando feitas a partir do olhar "para" o outro (como dar um presente que se escolhe com carinho e cuidado), por meio da empatia e do entendimento da pressuposta dor do ouvinte em estado de sofrência.

Como na história, quando olhamos e escutamos o outro com profundidade, ampliamos nossa visão de mundo e buscamos em nossos registros afetivos (memórias), nossos insights. As histórias servem como bálsamos amenizadores onde o “Era uma vez” representa nesta forma clássica, o recurso universal, influente e eficiente para o estímulo da imaginação. Experimentamos em ambos os lados: como narrador e como ouvinte, o exercício profundo da escuta, lendo nas entrelinhas as múltiplas mudanças que acontecem no corpo e na mente, além do próprio contexto. Aguçamos nosso felling, enquanto narrador entregamos as lições que o outro se dispõe a aprender. Enquanto ouvintes, elaboramos dentro de nós as histórias, contextualizando-as através de nosso raciocínio abstrato, reflexões, introspecções e o sentido (de sentir) que a linguagem apresenta como ferramenta.

As histórias são metáforas, que implicam em comparação indireta ou direta e por isso, despertam um fascínio tanto em crianças como em adultos, utilizando-se de linguagem simbólica e figurada trazendo assim, muitos significados.

Quando ouvi esta história a primeira vez, fui afetada por um sentimento de empoderamento, entendendo o poder instrínseco (que é próprio e essencial, que existe por si mesmo, íntimo e profundo). E na elaboração entre pensar e sentir, o que predominou foi o sentir, pois ao ouvir uma história uma parte de nós, o nosso consciente, se ocupa em interpretar o conteúdo superficial usando processos racionais e lógicos e a outra parte de nós, o inconsciente, recebe os conteúdos mais profundos que nos “toca o coração” ampliando desta forma, nossa compreensão.

O sentido da história passando por mim possibilita algumas interpretações como por exemplo, atirar as flechas que podem ser as histórias (o que eu conto) e pintar ao seu redor os problemas que são os alvos, ou seja, criando as metáforas necessárias para relacionar a história com o problema. Também posso como no texto, ouvir e entender os problemas que neste caso são as flechas e ao seu redor, povoar com as histórias que aliviem e curem, relacionando-as com o que eu conto e como eu conto, deixando livre a escuta do outro. Independente do problema, da angústia ou aflição, uma história pode ter um efeito cartástico, pode simplesmente divertir, entreter, elucidar, criar paralelos com a vida real, fortalecer, e repercutir no inconsciente mobilizando os recursos internos que ali se encontram. Em minhas leituras sobre o tema, li uma explicação da Doutora Paiva sobre a biblioterapia que relato abaixo, que dentro da minha concepção, tem uma grande relação com o poder das histórias compartilhadas.

> É um processo interativo que se utiliza da leitura e outras atividades lúdicas como coadjuvantes, inclusive em tratamentos de pessoas acometidas por doenças físicas e mentais. Pode ser aplicada na educação, na saúde e reabilitação de indivíduos em diversas faixas etárias. As histórias podem levar à mudanças, pois auxiliam o indivíduo a enxergar outras perspectivas e distinguir opções de pensamentos, sentimentos e comportamentos, dando oportunidades de discernimento e entendimento de novos caminhos saudáveis para enfrentar dificuldades. (PAIVA, 2008).

Refletimos até o momento no que contar, mas não podemos esquecer, do como contar. As diferentes e possíveis ênfases nas mesmas histórias, as entonações e alterações de voz, nos transportam a um amplo e variado leque de opções, onde podemos mudar o foco de uma história e contá-la para diferentes públicos e ela sendo a mesma história ainda assim será outra, tanto para quem narra, como para a escuta (a percepção do outro).

Em minhas narrações em hospitais, noto com grande ênfase o quanto estas nuances fazem a diferença na resposta do ouvinte. A história se torna um grande divertimento ao espírito, cativa a audiência, ajuda a afastar as aflições gerando distrações, garantindo sua importância e aliviando os estados de sofrência emocional, sendo essencial ao desenvolvimento intelectual e na ampliação de

conhecimentos, criando um novo olhar (insight) no contexto real da vida. *O poder que as histórias tem de atrair e manter a atenção dos ouvintes é evidente. (EGAN, 2007, p.24).*

O como contar histórias pode exercer ações benéficas tanto ao corpo como à mente, proporcionando "certa" restauração, (de acordo com a abertura na escuta e as metáforas criadas) às pessoas enfermas e seus acompanhantes, que ao receberem as histórias e o colorido que damos à elas enquanto narramos, (as ênfases e alterações de voz) tornam-se capazes de criar uma nova história e durante aqueles momentos mágicos (de escuta), podem ter ampliado a possibilidade da sua potência, transformada pelos afetos positivos. Assim, a estada e o estado aflitivo (internação) podem ser substituídos por um processo de amenização, onde paciente-acompanhante recebem uma acolhida mais humanizada, fortalecendo a relação do bem cuidar, sempre possível em todos os casos. *É no meio da aflição que tantas coisas ficam claras. Quem diz que nada de bom resultou disso ainda não está escutando. (ESTÉS, 1998, p.84).* Ou seja, a escuta possibilita que as dores ao nosso redor possam ser aliviadas, purgadas, libertadas, tornando as histórias verdadeiros remédios.

Por último, estabelecida a relação do que contar com o como, observei o antes, o durante e o depois das histórias, afinando minha percepção na escuta enquanto narro e na escuta, enquanto observo o outro (me ouvindo/escutando).

Será que o que acontece em mim é o mesmo que acontece com o ouvinte? Entendendo que o que eu digo não é necessariamente o que o outro ouve, ou seja, quem ouve, não ouve o que eu falo, e sim o que ele ouve, é um caminho sempre solitário, mas solidário em doação.

> É importante ter em mente que, ao ler um texto, o indivíduo constrói um texto paralelo, intimamente ligado às suas experiências e vivências pessoais, o que o torna diferente para cada leitor. Assim, conceitos podem ser transmitidos, mas os significados são pessoais e intransferíveis. (PAIVA, 2008).

Pensando sempre na escuta que acontece tanto com o narrador, como também com o ouvinte e a elaboração do que se passa, perpassando em mim e no outro, resolvi relatar um pouco da minha história pessoal e o por que do interesse recente mas

latente, sobre as diversas nuances que as histórias podem ter e o seu caráter de cura. De acordo com o registro das memórias afetivas e da elaboração das situações da vida real, sendo amparadas pelas histórias em seus vários contextos. Desta forma, peço licença ao leitor para contar um pouco da minha história, e as mudanças ocasionadas pelas histórias em mim.

AS HISTÓRIAS E EU, CRIANÇA.

Venho de uma família de poucas histórias, ou melhor, de poucas histórias contadas, onde o "era uma vez" não estava presente no dia-a-dia.

Os momentos mágicos com histórias que guardo na lembrança, (minhas memórias afetivas) aconteciam quando eu, meus irmãos e primos, passávamos férias na casa de minha avó em Mairiporã. Ela morava em um sítio bem afastado da cidade (ou pelo menos naquela época, parecia que era bem longe), não havia vizinhos por perto, nem luz, nem ruas asfaltadas, menos ainda outras crianças. Também não existiam livros. Era uma casa no meio do nada e o único movimento diferente do vento nas árvores, era o nosso. Crianças sedentas por espaço, já que no meu caso e de meus irmãos, morávamos em um apartamento em uma avenida bem movimentada e sem nenhuma criança no prédio para brincar, e menos ainda, área de lazer. Durante o dia, eram as brincadeiras: queimadas, mana-mula, amarelinha, pega-pega, esconde-esconde, peteca, pular corda, cobra cega... e de noite, à luz das velas, depois da sopa de fubá com couve que ela invariavelmente fazia (com chuva ou sol, frio ou calor) todos deitávamos e nos exprimíamos em sua cama de casal e aguardávamos por suas histórias. Bem, tudo ali cheirava mistério e claro, histórias de medo. Minha avó era generosa em se tratando de sustos, e tudo isso em nós, era tão intenso que não tínhamos coragem sequer de levantar para irmos ao banheiro durante a noite. Olhávamos antes de dormir embaixo da cama para termos a certeza que nenhum monstro ali dormia. Sempre aparecia uma parte da cama molhada por um primo de tanto medo e um ou outro na madrugada que acordava aos gritos com os monstros de seus pesadelos. No auge da história, ela ainda vinha embaixo das nossas cobertas e estralava nossos dedos dos pés quando menos esperávamos, era uma farra, misturada com a dor, misturada com o medo, a maior gritaria!

Uma história que ela sempre contava, era a do surrão, que ela chamava de "homem do saco". Tirando esses momentos de histórias inventadas pela minha avó e outras da própria tradição oral, que apareciam no contexto escolar, havia os clássicos - versão - Disney que eu assistia pela TV ou no cinema, e em outros momentos eu ouvia as histórias em uns disquinhos de vinil que eram coloridos e ali, bem ali, que aquele mundo de faz de conta existia, a um passo da minha vontade. Até hoje tenho um deles, que era o que eu mais ouvia e na verdade, era o meu: conta outra vez. Um LP, com as histórias da Cinderela e da Bela e a Fera que repetidas vezes eu ouvia.

Minha mãe gritava:

- Vai riscar o disco! Chega por hoje.

Lembro-me até hoje das entonações daqueles personagens, das vozes, da música, do encantamento que me trazia, e das cenas que eu criava em minha mente.

No mais, outra lembrança bem viva em mim, foi uma das vezes em que fui internada quando criança, meu pai apareceu com um fantoche de carinha de cachorro marrom, focinho longo e começou a me contar histórias... não me lembro que histórias eram, talvez inventadas por ele naquele instante, para me distrair entre uma injeção e outra (elas eram diárias) mas lembro-me bem do resultado desta ação.

Depois, tirando os clássicos da Disney que li ou assisti, creio que nunca mais ouvi histórias na infância, menos ainda na adolescência. Cresci acreditando que histórias eram coisas para crianças.

Está é toda a minha larga experiência em ouvir histórias...

EU, ADULTA SEM HISTÓRIAS, UMA GRANDE LACUNA NO TEMPO E ESPAÇO E A BUSCA DO PRAZER PELO PRAZER.

> Atualmente, dá-se muita atenção à busca e ao tratamento da "criança interior". (MELLON, 2006, p. 19)

Muitos e muitos anos se passaram, até eu novamente tornar a ouvir uma história, ou melhor, mergulhar nas minhas memórias afetivas e buscar àquela criança

adormecida em mim, mas desta vez, com novo olhar. Ganhar novamente a permissão para curtir as histórias como toda criança, mas agora, adulta. Treinar os ouvidos, os olhos, a imaginação e despertar meu corpo para a criança que ainda habita em mim.

Foi quando em 2009, alguém mencionou o termo, contadores de histórias... Não tinha a mínima noção de sua existência, sequer que fosse uma profissão além de um ofício. O termo soou como música e fui em busca de informações. Encontrei diversos nomes de contadores, sites, blogs, cursos que já estavam com as inscrições encerradas, visto que estávamos chegando ao último bimestre daquele ano, me cadastrei nesses sites e em 2010 fui realmente apresentada à arte de ouvir e contar histórias.

Foi no curso de formação para contadores de histórias da Biblioteca Pública Hans Christian Andersen, que a velha infância e às novas possibilidades que a leitura proporciona trouxeram ao meu corpo a vibração que faltava. E uma nova história passei a escrever, com a redescoberta de muitas músicas, cheiros, gostos, sabores e encantos.

Até aqui, era o prazer pelo prazer.

AQUI, UMA NOVA HISTÓRIA.

> A sabedoria espontânea que habita o coração de cada pessoa

> é a essência da vida. É na porta dessa sabedoria que batemos durante o processo de contar histórias. É como uma prece: as histórias nos sustentam e nos fortalecem. Obviamente, temos de seguir em frente, não importando a resistência que possamos sentir quando retornarmos a essa essência. (MELLON, 2006, p. 19).

Durante o curso na Hans, houve uma palestra com a Célia Gomes (contadora de histórias, atriz, pedagoga e arte educadora) sobre histórias que curam e o seu poder de transformação. Na época o tema me causou grande estranheza e curiosidade, mas fui impossibilitada de ir devido ao horário.

Até que no segundo semestre de 2010, tudo se intensificou em minha vida, e a busca por outras histórias... histórias que curam, ecoaram.

Fomos, eu e minha família, surpreendidos por uma notícia muito triste. Minha irmã estava grávida e gerando um bebê fadado a não viver (segundo os médicos). Após vários exames, todos sentenciaram: síndrome de Edwards ou trissomia do cromossomo 18, uma doença genética séria. E em meio ao pânico, dor e incertezas, em meio a perguntas sem respostas, busquei ajuda das mais variadas possíveis e uma delas, foi na arte de contar histórias, histórias para viver, para fortalecer, para amenizar, não apenas para encantar. Entrei em contato com a Célia Gomes por e- mail e contei um pouco desta triste história que vivíamos, e ela me deu algumas dicas de histórias para que o meu sobrinho se sentisse amado, para que minha irmã se sentisse forte. Na época, não pude contar essas histórias nem para minha irmã que tinha como verdade absoluta o diagnóstico médico e a pouca informação existente na internet, de que o bebê não nasceria. Ela acabou se fechando em sua dor e em um profundo isolamento, não nos deixando sequer tocá-la, abraçá-la e menos ainda, conversar ou acariciar sua barriguinha (meu sobrinho). Ela dizia que não queria que nós tivéssemos esperança, que não havia o que fazer e que não podíamos nos afeiçoar para não sofrermos tanto, como se isso fosse possível. Os meses de gestação que deveriam ser mágicos, felizes, cheios de planos e sonhos, foram de intenso pesadelo, cada dia era como se uma espada estivesse para cair em nossas cabeças. Medo, angústia, desespero, tristeza era tudo o que tínhamos. *E em meio a tudo isso eu pensava, será que histórias podem curar alguém? Como? Qual o poder transformador das narrativas? O que as histórias causam nas pessoas? Será que além do entretenimento, do encantamento e da ludicidade, as histórias podem contribuir para que o ouvinte encontre na sua sofrência (física ou emocional) um alívio, uma força vinda do seu íntimo para continuar e se fortalecer?*

Estou aprendendo com esta arte, que as lições advindas das histórias na verdade dependem muito de como o narrador e o ouvinte refletem sobre elas, só assim, a mudança de perspectiva acontece e a história assume um papel funcional; como um filtro ou mesmo um termômetro.

> As histórias dão às pessoas a chance de expressar-se numa forma de comunicação que elas normalmente não tem à sua disposição. O efeito de repositório. Por causa das suas imagens, as histórias podem facilmente ser lembradas e postas em operação em outras situações. Elas estão presentes na vida diária da pessoa, assim como no seu tratamento, mesmo sem ser relembradas mediante uma situação semelhante ou sem a necessidade de trabalhar questões que a história tivesse evocado. Em circunstâncias diversas, o paciente pode interpretar a história de maneira diferente. Ele amplia o significado original da história e atualiza novos conceitos que ajudam a diferenciar sua própria mitologia. Assim sendo, a

> história funciona como um armazém. Afeta o paciente por um longo período de tempo e torna-o independente. (PESESCHKIAN, 1992, p. 49).

A arte de contar histórias potencializa os afetos e os efeitos positivos proporcionando o empoderamento de si, diante das adversidades da vida. Pode suavizar diversos momentos além do hospitalar, visto que somos a soma de todas as vozes que nos habitam nesse e em outros contextos. O estímulo quando narramos, gera sempre uma resposta que advém dos insights que temos de nossas experiências e a compreensão de algumas histórias específicas.

> É preciso que se saliente também que muitos dos remédios, ou seja, histórias mais poderosas surgem em decorrência de um sofrimento terrível e irresistível de um grupo ou de um indivíduo. Pois a verdade é que grande parte da história deriva da aflição. Deles, nossa, minha, sua, de alguém que conhecemos, de alguém que não conhecemos e que está distante no tempo e no espaço. E no entanto, por paradoxal que seja, essas mesmas histórias que brotam do sofrimento profundo podem fornecer as curas mais poderosas para os males passados, presentes e futuros.(ESTÉS, 1998, p. 10 a 11).

Assim sendo, proponho uma ponte sobre a questão do entreter que o prazer de ouvir histórias engloba, e a contribuição científica para o alívio da dor tanto física quanto emocional experenciada no processo de internação. Pensando também no sistema de problematização da doença, (e não da saúde) em que estamos inseridos, como menciona o Dr. Patch Adams: hospital, doença e paciente, acreditando que as histórias podem amenizar os estados de sofrência do corpo e da mente e um corpo e uma mente quando afetados de maneira adequada, podem ter sua potência aumentada.

> Onde por afecções entendo as afecções do corpo, pelas quais a potência de agir desse corpo é aumentada ou diminuída favorecida ou entrevada, assim como as ideias dessas afecções. O corpo humano pode ser afetado de numerosas maneiras pelas quais a sua potência de agir é aumentada ou diminuída; e, ainda, por outras que não aumentam nem diminuem a sua potência de agir. A nossa alma, quanto a certas coisas, age (é ativa), mas, quanto a outras, sofre (é passiva), isto é, enquanto tem ideias adequadas, é necessariamente ativa em certas coisas, mas, enquanto tem ideias inadequadas, é necessariamente passiva em certas coisas. (SPINOZA, 1989, p.112).

Em entrevista à Revista Língua Portuguesa, o publicitário Valdir Cimino, que desenvolve um trabalho de contação de histórias por meio da Associação Viva e Deixe Viver, da qual é fundador, levando a arte milenar de contar histórias para crianças e adolescentes no ambiente hospitalar, relata: *A realidade hospitalar demanda cuidados específicos e contar histórias revela uma via de humanização em tal contexto. A experiência extrapola o aspecto recreativo, gerando ganhos clínicos para a criança enferma, como maior disposição para a alimentação (60%), melhora no estado emocional (66%) e diminuição das queixas de dor (75%).* Cimino cita até casos de crianças com tentativa de suicídio que, ao longo de dois anos, se submeteram às atividades dos contadores. – *Cinco delas receberam alta* – comemora.

Seguindo esta mesma linha de raciocínio, evidencio o quanto as histórias podem afetar o ouvinte positivamente, gerando uma resposta igual em nós narradores, o que contribui para amenizar a dor, ou o problema ou a doença, empoderando desta forma, narrador e ouvinte, pelos recursos internos que surgem das sensações e cocriações estabelecidas pelo processo de escuta, (sempre individual) vislumbrando uma nova tomada de atitude.

> Se alguém fez uma coisa que imagina que afeta os outros de alegria, será afetado de uma alegria acompanhada da ideia de si mesmo como causa, isto é, contemplar-se-á a si mesmo com alegria. (SPINOZA, 1989, p. 129).

O contar e ouvir histórias, passa a ser uma travessia compartilhada a medida que o outro é afetado. O percurso da vida pode colocar o indivíduo face a inúmeras adversidades e para lidar com todas elas, é preciso que a narrativa ofereça uma explicação aceitável para o que lhe causa sofrimento, dando novo significado aquilo que lhe afeta. O ouvinte pode recuperar o sentido da vida momentaneamente abalado, estabelecendo uma ponte muitas vezes inconsciente, vivenciando uma dimensão lúdica do ato de contar histórias bem como do encantamento, em paralelo com a vida real e esse movimento de alternância entre o faz de conta e a realidade é revigorante tanto para a alma, como para o corpo.

> Ninguém, na verdade, até ao presente, determinou o que pode o corpo, isto é, a experiência não ensinou a ninguém, até ao presente, o que considerado apenas como corporal pelas leis da natureza, o corpo pode fazer e o que não pode fazer, a não ser que seja determinado pela alma. Isso mostra suficientemente que o corpo, só pelas leis da sua natureza, pode muitas coisas que causam o espanto à própria alma. (SPINOZA,1989, p.114)

> A ciência é uma hipótese em constante mutação. As verdades de hoje são as falhas e erros de amanhã. A ciência é aberta e progressiva. Não pode fechar-se numa ideia ou teoria, do contrário há risco de deixar de ser ciência e passar a ser dogma. (KNOBEL,1992, p. 14)

Retorno ao ponto onde a ludicidade existente em um conto (o prazer da escuta), unida aos recursos internos e as memórias afetivas, são realmente determinantes na mudança de estado emocional, alterando os estados de saúde, pois o indivíduo tem o potencial para a doença e para a saúde, basta saber o peso do que o está afetando, se é algo positivo ou algo negativo.

> Por meio da identificação com a história, ela fala de si, dos seus conflitos e dos seus desejos, o que é que essas histórias podem nos dizer nas áreas da educação, da auto-ajuda e da psicoterapia? Eu queria descobrir em quais conflitos e com quais doenças elas poderiam contribuir para a resolução de problemas. Ficou claro para mim, que as histórias tem muito em comum com os medicamentos. Usada no momento certo e da maneira certa, uma história pode tornar- se o ponto central do esforço terapêutico e pode levar a mudanças de atitude e comportamento. Ocasionalmente, não podemos evitar a ciência, a matemática e os debates eruditos, que ajudam no desenvolvimento da consciência humana. Mas às vezes também precisamos de poesia, xadrez e histórias, para que nosso espírito possa encontrar alegria e revigoramento. (PESESCHKIAN, 1992, p. 17).

Reforço neste momento, algumas perguntas simples, mas que podem nos levar à uma infinidade de respostas. *Por que contamos histórias? Histórias curam? Amenizam? Em que momento criamos a relação da escuta a ponto de estabelecer afetos positivos e com isso o empoderamento dos envolvidos no processo?*

Durante o curso na Hans, conheci a proposta de trabalho voluntário da Associação Viva e Deixe Viver, contar histórias em hospitais para crianças e adolescentes, e em 2011 após um longo treinamento, iniciei minha atuação na AACD.

> Quando é hora de contar uma história, digo para mim mesma e para os outros: respire bem fundo, mergulhe e nade, as águas irão sustentá-lo. Ou dance, voe. Ou pule dentro do vulcão. No reino das histórias, tudo sempre dá certo. (MELLON, 2006, p. 20).

Expulsar a piedade, a dor, o acidente, a limitação ou a doença e enxergar apenas a criança não foi tarefa tão difícil assim como imaginei. Aprendi que criança é criança em qualquer lugar e em qualquer lugar, sempre é tempo para contar histórias, estimular o ser e o ler. Já que as pernas muitas vezes não levam a lugares fantásticos, o imaginário podia levar. E de repente, príncipes, bruxas, princesas e assombrações povoavam a fisioterapia e se alastravam aos quartos, em cada leito, o coração transbordava e as palavras saltavam para mexer com as pessoas estreitando laços, criando afetos. O lobo mal às vezes ficava bom, as fadas viravam borboletas e os príncipes, sapos e depois, a qualquer momento tudo podia mudar novamente.

No começo, eu ficava somente na fisioterapia onde conheci crianças e mães (na grande maioria) de uma força interior e um poder de realização incrível e passei a observar desde o momento em que nos encontrávamos até o momento da finalização do trabalho. Foi quando percebi a necessidade que as acompanhantes tinham em ouvir histórias, em libertar os sentimentos represados pelo cansaço, a dor, o medo, as incertezas, o tempo de internação, os momentos de ociosidade e as noites mal dormidas em um hospital. Às vezes, muitas vezes, eram elas que pediam histórias, mesmo quando as crianças dormiam ou quando a recusa da criança ocorria. As acompanhantes se deleitavam nesses momentos, mais que as próprias crianças muitas vezes. Elas aprendiam novamente, como eu aprendi recentemente, a ouvir histórias, conheciam outras linguagens e formas para lidar com a situação ou mesmo com sua criança. O olhar delas mudava, e o meu olhar, enquanto narradora mudava também.

> O que é uma mente saudável e ativa? Minha experiência com adultos e crianças tem me mostrado que as imaginações desse início de milênio são normalmente irregulares, medrosas, deformadas, obsessivas – mas, apesar disso, podem se tornar, mesmo que um tanto subitamente, saudáveis e radiantes através de aconselhamento, inspiração e estímulo. Abastecidos pelos elementos sábios e antigos do mundo da imaginação, podemos começar a explorar e a brincar com as ricas energias desses temas e imagens, como fazem os sonhadores e os poetas. Elementos poderosos de velhas histórias como o enredo, a linguagem e o imaginário agem nas psiques do século XXI como um bom alimento, fazendo com que o corpo e o sangue se revigorem com alegria e disposição. O próprio processo de contar histórias através do uso da voz, dos gestos, da participação da plateia e das fontes de sabedoria que a atividade resgata, é evocado do âmago de um saudável estado de aventura criativa. (MELLON, 2006, p. 14).

Dividia meu tempo contando histórias e interagindo em hospitais para "curar" com os medicamentos que vinham das histórias, dos livros, do que inventávamos juntos, e o restante do tempo, imersa na minha própria dor, invertendo os papéis e experimentando cada vez mais a rotina de familiares internados em hospitais, em UTIs, no meu caso no Hospital Sabará, como acompanhante agoniada e cansada do nosso bebê, Raphael (a Cura de Deus), nome escolhido para invocar sua própria missão[1].

---

[1] VER ANEXO

Durante aproximadamente 10 meses, moramos naquela UTI. Cuidando, cantando, contando histórias e exercitando o amor e quanto amor.

Contra todas as expectativas da ciência é claro, nosso guerreiro mostrava o quanto era forte e o quanto persistia em ficar aqui. Novamente menciono as palavras de Spinoza: ... *ninguém, na verdade, até ao presente, determinou o que pode o corpo, isso mostra suficientemente que o corpo, só pelas leis da sua natureza, pode muitas coisas que causam espanto à própria alma. (ibiden, p.13).*

Eu me via nos olhos daquelas pessoas sendo fortalecidas pelas histórias que também eram minhas e buscava em mim, a escuta para também me curar. Foram meses e meses na roleta russa. Oras pedindo e oras agradecendo. Vivendo a incerteza e a impossibilidade da vida. E assim como eu, tantas e tantas pessoas em situação igual ou pior que a vivenciada por minha família.

Muito mais, ser essência, e com isso, celebrávamos também muito mais. Cada grama a mais, cada novo movimento, cada miligrama aumentada na dieta, a noite bem dormida, o esboço de um sorriso, a lágrima que escorria, o dentinho que apontava, a mãozinha que abria um pouco, o intestino que funcionava, os parâmetros que se estabilizavam, tudo e cada instante comemorado, agradecido. Afinal, cada dia a mais de vida era simplesmente um dia a mais, com todas as possibilidades de melhoras que o novo dia traz. Aprendi com uma técnica em enfermagem, mãe de quatro filhos, sendo dois deles adotivos; uma criança especial, a Brenda, que também estava internada na mesma UTI e o outro deficiente físico, que ter uma criança especial ou excepcional, tem também todas as suas alegrias, elas só são diferentes e mais valorizadas. Com a criança normal, não valorizamos uma lágrima, um riso, um passo e todas as maravilhas que o corpo saudável nos proporciona. Com as nossas crianças especiais, aguçamos todos os nossos sentidos e conseguimos ser gratas por toda e qualquer nova conquista. Normalmente inseridos na dor, nos perguntamos: *Por que eu? Por que comigo? Por que com a minha família?* E conjecturamos todas as arbitrariedades existentes no mundo, tudo aquilo que não entendemos e não aceitamos. Com esta mãe e profissional da área da saúde, a Cássia, que por opção adotou duas crianças que fogem do contexto da normalidade, aprendi outras perguntas: *Por que não eu? Por que somente enxergamos as adversidades, dissabores e tristezas em receber uma criança especial?* Foram essas as perguntas que ela se fez antes de abraçar tão lindamente essa maternidade e escolher o amor sem discriminação, sem pudor ou medo. Claro que ninguém se pudesse escolher, geraria crianças doentes ou imperfeitas. Ninguém faz essa escolha. O recebimento da notícia é mais que um choque, ninguém está preparado para isso. De repente, sábado ensolarado estávamos na maior alegria no laboratório para vermos o ultrasson e conhecermos "por foto" a Sophia (conforme constava em outros exames de imagem). De repente, a grande notícia: é um menino, o primeiro, agora seria um lindo casal. De repente, o silêncio e a mudança de expressão da médica. De repente outra notícia. Algo não estava bem. A médica ainda me disse: - seja forte e fique perto da sua irmã, ela vai precisar!

Ficamos suspensos no tempo, sem entendermos o que estava acontecendo, querendo processar a médica por tal procedimento, querendo acreditar que era um erro, um engano, a falta de experiência de quem conduziu o exame. Qualquer coisa era melhor do que aquela notícia. Foi uma quebra em todas as expectativas geradas, sonhos a realizar e planos. Ainda tivemos que manter total discrição e segredo com os familiares e amigos, para não apavorar ninguém. Para não ter que explicar o inexplicável. Para não ter que chorar e dividir tanta dor com tanta gente. Daquele dia até o final dos nove meses, não tivemos um minuto de paz, um dia de alegria. Aqueles momentos eram angustiantes, tudo estava ali diante de nossos olhos, parado. Não havia enxoval, decoração do quartinho, pouquíssimas roupas compradas para o bebê, que provavelmente não chegaria a usá-las. Vivemos posso dizer dias de luto e de muita luta para não sucumbirmos em tanto sofrimento. Nenhum de nós que sabia o que estava acontecendo, dizia palavras. Cada um de nós na mais profunda solidão e solitude.

Medo, culpa, falta de entendimento invadindo-nos e a única explicação; um erro genético.

Não tinha o que fazer, era só aguardar. Havia a possibilidade de interrupção da gestação já que o feto estava todo comprometido sendo inviável a vida. Graças a Deus, isso não aconteceu. Tornamo-nos estranhos dentro de nossa própria casa. Não dava para chorar junto, nem perto. Nem pedir colo ou um abraço para não desmoronarmos.

Finalmente o Raphael nasceu, pequeno e magrinho Não pudemos vê-lo, só por foto, pois ele foi encaminhado rapidamente à UTI neonatal da Maternidade Pró-matre. Naqueles corredores, painéis belíssimos de crianças. O berçário lotado, um bebê mais lindo que o outro. Choros de alegria e de emoção. Para nós, era a hora de avisar a família, os amigos, era o momento de falar e poder chorar e ao mesmo tempo consolar. Os telefones que não paravam de tocar, as respostas prontas que saiam doídas demais. Era só aguardar. Quantas horas, ou dias, não sabíamos.

Não houve visitas, nem flores, nem parabéns. Os únicos que entravam eram os médicos de especialidades diferentes a que planejáramos receber. Geneticista, psicóloga, cardiologista, neurologista... e nós.

Visita permitida somente aos pais. Avós cada quinze dias por trinta minutos. E eu, ali, vendo o Rapha por uma ou outra foto tirada escondida. Continuávamos ainda em silêncio, não dava para perguntar muitas coisas à minha irmã e ao meu cunhado; eles se mantinham apáticos, calados e em meio a tudo isso, minha sobrinha com menos de quatro anos perguntando pelo irmão, querendo conhecê-lo, esperando por ele em casa e com a pergunta incansável: *É hoje que o Rapha vem? Tô com saudade do meu irmão. Por que você tá chorando mamãe?*

Fui conhecer o Rapha quando ele tinha aproximadamente cinco meses e foi transferido para a UTI pediátrica do Hospital Sabará, para onde praticamente nos mudamos, revezando com as atenções e cuidados destinados à sua irmãzinha, Giovanna, para que minha irmã e cunhado pudessem estar com os dois filhos.

Como toda longa internação, foram dias muito difíceis, cansativos, mas também de aprendizado intenso, de mudança de paradigmas, de abertura para novos conceitos, histórias, esperança, mas esperança de esperar o que se deseja e não de parar no tempo como nos primeiros momentos paralisados pela dor.

Era difícil para nós ver um ser que destinamos tanto amor, ali, deitado sendo monitorado por muitos aparelhos, sofrendo com tanta invasão, principalmente a física. Sem poder dizer não, para nada daquilo e ainda assim, dentro da sua fragilidade, sendo tão grande e forte. Não podíamos fraquejar, não ali, não perto dele. Cada acesso perdido e o sofrimento para encontrar sua veia. Cada transfusão de sangue ou parada respiratória, morríamos mais um pouco. Às vezes, e foram

muitas, ele brincava de ficar "roxinho", nossos corações pareciam que não aguentariam tamanha dor, e de repente, ele com toda a força do seu coração frágil, voltava para nós, enchendo-nos de coragem (coração que age) e juntos, podíamos respirar novamente.

Ali no hospital, aprendi olhando inúmeras horas seguidas para aquele ser de tanta luz e resignação a linguagem dos seus detalhes; dos seus sinais. Estes momentos de observação me ajudaram a perceber os sinais e as respostas que algumas crianças me davam na AACD enquanto contava histórias. Crianças que mesmo com grande dificuldade em movimentos, ou de expressão respondiam aos estímulos das histórias. Conseguia dessa forma, acompanhar as alterações de uma semana para outra, e o quanto aqueles momentos de histórias eram esperados por todos. Crianças, acompanhantes e por mim. Era a hora de sonhar, de correr sem levantar da cadeira de rodas, até de voar, de bater no peito e gritar: eu sou o lobo!

> A alma esforça-se tanto quanto pode, por imaginar as coisas que aumentam ou favorecem a capacidade de agir do corpo, isto é, as coisas que ela ama. (SPINOZA,1989, p.123).

E foi observando o Erick, um menino lindo, de olhos expressivos, com movimentos desordenados dos braços e sem comunicação verbal, emitir a primeira palavra após uma história de lobo. Ele ria, se sacodia e quando eu perguntei se ele havia gostado, ele disse: *Sim.* Simplesmente sim.

Experimentei ali um duplo momento de empoderamento pelos afetos positivos e como esse, muitos outros aconteceram. Foi a primeira vez que eu o ouvi, depois de alguns meses juntos. *O esforço pelo qual toda coisa tende a perseverar no seu ser não envolve tempo finito, mas um tempo indefinido. (SPINOZA, 1989, p. 117).*

Outro ponto que merece ser observado com grande atenção é a linguagem não verbal como forma de comunicação gerada pelas histórias. O Erick sempre estava em todas as narrações e sempre trazido por sua mãe. Igualmente com a Lara, dela não ouvi palavra, ela se expressava com mais dificuldade ainda do que o Erick, com ela a resposta demandava maior observação nos detalhes... em cada movimento, cada som ou expressão do olhar, tudo com a maior sutileza. Até o dia que ela começou a escolher as próprias histórias e eu, passei a entendê-la lendo os seus sinais.

Conheci o Otavio, um garoto lindo, esperto e inteligente, vindo de Marabá com a mãe para passar alguns meses na AACD em tratamento. O Otavio, a primeira vez que fui ler uma história para ele, ele disse assim: *Você lê uma página que eu leio a outra.* De uma força de vontade extrema e com toda a sua dificuldade, ele leu comigo todo o livro e em todos os nossos encontros era sempre assim, eu lia uma página e ele outra, até que um dia, quando eu acabei de ler uma história, ele me disse: *Agora eu quero ler para outras crianças, me leva até uma criança?* E ele fez com a outra criança, do mesmo jeito que eu fazia quando abordava-o oferecendo histórias, ele literalmente me imitou. Como ele lia com muita dificuldade e lento, ele foi chamado para sua sessão de fisioterapia e me disse*: Agora você continua da onde eu parei.*

Foi lindo e emocionante. O Otavio passou a ser uma página muito importante desse lindo "era uma vez". Encantei-me completamente por ele. Não era eu que estava fazendo a diferença na vida dele, agora era ele que já havia mudado a minha vida.

Em todas as idas à AACD, sempre encontrava o Anael, um menino lindo de cachinhos dourados, sorriso largo e um interesse incrível pelas histórias, não me dava nem tempo de tomar água. Com ele, era uma história atrás da outra e uma vez que ele ouvia a história, ele sempre pedia as mesmas, gravava os nomes das histórias e se divertia como se fosse a primeira vez. Na história da Chapeuzinho Amarelo, eu dizia que sempre que ele tivesse medo de alguma coisa era para ele bater no peito e falar bem alto: *Eu sou o lobo, eu sou o lobo*, ai todos os medos iriam embora porque ele ficaria tão forte como o lobo. Na história era o contrário, era o lobo que queria que o medo da Chapeuzinho voltasse, mas com ele resolveu. Sua mãe me contou, que um dia ele precisou tomar uma injeção e estava chorando porque não queria, então bateu no peito e encarou a injeção porque ele era o lobo, e lobo que é lobo, não tem medo de nada.

> Com os personagens e suas histórias, encaramos nossos problemas com maior distância, o que aumenta a possibilidade de compreensão dos sentimentos envolvidos em circunstâncias dolorosas... assim, como aprendemos muitas outras coisas, temos aprendido nossos relacionamentos com as histórias, fábulas e contos de fadas. Aprendemos a amá-los ou rejeitá-los, ou a reagir com indiferença. (PESESCHKIAN,1992, p. 64).

O mesmo aconteceu com duas adolescentes que iriam entrar em cirurgia logo após a minha saída dos seus quartos. Uma delas, a Mayara, já havia até desmaiado de tão tensa que estava por conta da cirurgia. Tentei uma aproximação e durante algum tempo foi um monólogo, então contei o história do cachorro PUM e ela riu muito e a partir da história, conseguimos um diálogo, ela me contou que tinha uma irmã mais nova, que tinha cachorro... enfim, ela relaxou e por alguns momentos, se esqueceu do medo, do medo, do medo. *Uma coisa pode ser acidentalmente causa de esperança ou de medo. (SPINOZA, 1989, p. 139).* Uma semana depois eu a encontrei junto de sua mãe na porta do hospital para fazer um curativo, a mãe dela me chamou e disse que havia contado a história do PUM para todo mundo, claro que do jeito que ela lembrava. *Uma vez que a nossa alegria provém de que afetamos de alegria um dos nossos semelhantes, contemplamo-nos a nós mesmos com alegria. (SPINOZA, 1989, p. 131).*

Em minha última visita ao Instituto de Ortopedia e Traumatologia do Hospital das Clínicas (IOT), eu estava atuando como doutora palhaça pelo Canto Cidadão e desta forma, só atendemos adultos e idosos, e aconteceu que eu entrei em um quarto onde estava uma garotinha de aproximadamente 6 anos com seu pai (coisa quase rara de acontecer) . A Ketlen estava muito mal humorada porque havia saído da cirurgia com muita sede e dor. Estava muito brava porque não podia tomar água para não nausear. Naquela situação foi bem difícil fazer amizade, pensei em contar uma história, quem sabe ela se distrairia. Perguntei-lhe se queria e ela me pediu Chapeuzinho Amarelo. Contei um pouquinho da história e na hora do lobo, ela comentou que as pessoas falavam que ela tinha dentes de vampiro, ou de lobo, de tão grandes e afiados, ai contei a história do Morcego, feio que só. Ela me disse assim: *Tia, eu vou fechar os olhos só um pouquinho para passar a minha dor, mas você conta a história que eu vou vendo de olhos fechados mesmo, ó, eu não vou dormir tá tia?!* No decorrer da história, ela me fez algumas perguntas, riu, se esqueceu da sede e creio que também da dor. Quando terminei, me pediu para voltar no dia seguinte porque agora ela ia dormir, me deu boa noite, virou para o lado e eu fui embora.

> ...dependendo de quem as ouve, as histórias assumem um significado novo e talvez desconhecido, as histórias constroem uma ponte para os desejos pessoais e as metas do futuro próximo e distante. (PESSESCHKIAN, 1992, p. 50,51).

Sempre me sensibilizou muito a questão hospitalar, creio que por ter sido internada algumas vezes e por perceber o quanto somos todos parecidos quando sentimos dor. Não há diferença de classe social, sexo, credo. Este estado de sofrência comum a todos (ou como pacientes, ou acompanhantes ou apenas visitantes), por isso talvez, que a fragilidade humana no quesito físico ou emocional, envolvendo os aspectos da saúde, me afeta tanto (no sentido de sensibilizar, me importar com o bem estar, querer cuidar), mais ainda hoje, com a chegada do Rapha, uma criança mais do que especial. Todos em casa continuamos convivendo com as grandes conquistas dele e nos alegrando cada vez mais com a potência do amor que nos nutre. Nosso guerreiro já tem um ano e três meses e dentro da complexidade da síndrome, está cada dia melhor. É nítida a diferença do desenvolvimento dele agora em sua casa, com sua família, mesmo tendo a presença constante de home care. Sabemos que ele está feliz e somos afetados por esta alegria.

As histórias continuam sendo contadas, assim como as canções. Continuo fortalecendo a crença no cuidar com histórias, com a ludicidade, com a potencialização de afetos positivos, acendendo fogueiras que aquecem e humanizam o ambiente hospitalar para pacientes e acompanhantes.

Invocar as histórias e todo seu rico conteúdo interno especificamente no ambiente hospitalar, é despertar nossa consciência e o poder de transformação em nós, narradores e no indivíduo em estado de sofrência (paciente-acompanhante) para a cura, e enquanto narradora, soprando em suas narinas, o fôlego da vida, e enquanto ouvinte, recebendo um novo respirar, que a todos revigora e empodera.

> O dom essencial da história tem dois aspectos: que no mínimo reste uma criatura que saiba contar a história e que com esse relato, as forças maiores do amor, da misericórdia, da generosidade e da perseverança sejam continuamente invocadas a se fazer presentes no mundo. A vida de um guardião de histórias é uma combinação de pesquisador, curandeiro, especialista em linguagem simbólica, narrador de histórias, inspirador, interlocutor de Deus e viajante do tempo. Na farmácia das centenas de histórias que me ensinaram nas minhas duas famílias, a maioria delas não é usada como simples diversão. De acordo com a aplicação folclórica elas são, sim, concebidas e tratadas como um grande grupo de medicamentos de cura, cada um exigindo preparação espiritual e certos insights por parte tanto do curandeiro quanto do paciente. Essas histórias medicinais são tradicionalmente usadas de muitos modos

diferentes. Para ensinar, para corrigir erros, para iluminar, auxiliar a transformação, curar ferimentos, recriar a memória. Seu principal objetivo consiste em instruir e embelezar a vida da alma e do mundo. (ESTÉS, 1998, p.9 a 10).

NA MINHA HISTÓRIA, UMA NOVA NARRATIVA

> Abrir nosso centro da fala é uma das coisas mais poderosas que podemos fazer por nós mesmos e pelos outros. (MELLON, 2006, p. 33).

Durante toda a minha vida escolar diziam sempre, professores e colegas que eu tinha facilidade na escrita. Ainda não sei. Sei apenas que conseguia me expressar com maior profundidade e verdade escrevendo, assim, me revelava. Falava de dores, de amores e felicidades. Falava coisas que eu mesma conseguia ouvir sem entrar no embate da palavra dita; sem ter a réplica ou a tréplica do outro, e isso me bastava; me libertava.

Os anos passando e o tempo também, fui me afastando das leituras, das escritas. O que antes era alívio para os meus problemas, havia se transformado em uma grande dificuldade. Desaprendi a me expressar pela escrita. As palavras nos últimos tempos (principalmente) estavam todas caladas, escondidas na minha dor. Afinal, falar para que? Falar dos medos, da tristeza profunda?

Briguei seriamente com Deus e com a espiritualidade, chamei-O para a conversa, mas Ele não me respondeu, ou quem sabe, eu não O tenha escutado mesmo. Então calei. Sei apenas que nos últimos tempos, o processo da escrita e da fala nem pela prática, nem pela inspiração estiveram presentes. Além de me esconder do que eu sentia, me escondi dos amigos, familiares, da vida, tudo para não ter que me ouvir dizer...

> Dentro de você e de todos nós está a capacidade de falar as verdades do vento, das pedras, das flores e das nuvens – as verdades de todas as criaturas da Terra – e articular a verdade de todos os seres humanos, de qualquer tipo. (MELLON, 2006, p. 30).

Os últimos acontecimentos calaram minha alma, penso que é assim mesmo, a dor nos ensina a calar, mas a força das narrativas, do amor, das palavras passado os momentos mais conturbados, nos ensinam a seguir em frente.

Mesmo não falando o que se passava dentro de mim, tinha a necessidade de escutar o que vinha do outro, as histórias do outro, a força do outro e pegar uma "carona" em outras possibilidades e quem sabe, recuperar a minha voz, sem a força corrente das lágrimas que vertiam (e vertem de mim). Nessas histórias, eu buscava a minha cura, o meu próprio empoderamento. Resgatei neste trabalho meu lado espiritual fazendo novamente as pazes com Deus e recebendo uma carga extra de confiança, em mim, Nele, na vida e um grande contentamento em voltar a ser contando histórias, a minha própria história.

> ... a medida que eu aprendia a ouvir a mim mesma, pude escutar cada vez mais profundamente as vozes escondidas de crianças e adultos de várias terras e culturas que participavam de minhas aulas. (MELLON, 2006, p. 16).

Agora, estou despertando todas as vozes que me habitam e tentando distinguir a minha própria. *Onde será que ela está?*

No curso de pós graduação que finalizo agora, ouvi muitas frases, textos e pensamentos lindíssimos e que dialogaram comigo e de uma certa forma também me curaram, um deles é que o narrador joga para a mente as palavras, espelha e as reproduz e o que chega ao ouvinte, a história que ele escuta ou ausculta, só ele é quem sabe. Quando eu passo a ouvir o que eu digo, fico confortável em deixar que o outro ouça e o que ele ouve e na maioria das vezes, é o que eu não disse.

> ... sentava-me em meio às famílias ou em salas de aula e ouvia minha voz contando histórias que curavam pessoas. Junto com as histórias, avio receitas para a autocura. (MELLON, 2006, p. 19).

Contar histórias é a arte de fazer ver, é contar vinte vezes a mesma história e em cada vez ela se transformar em uma outra. As histórias acabam mudando, assim como nós os narradores e também como nós, os ouvintes. Esta arte milenar, ensinou-me a resgatar minha memória afetiva. Reviver sons, cheiros, sensações e imagens.

Tenho feito constantemente uma viagem ao imaginário coletivo por meio do tempo e espaço, despertando a minha imaginação poética através dos meus recursos internos (voz, expressão, entonação, não verbal, respiração, corpo em movimento, brilho do olhar), amplificando assim, o meu relacionamento com os textos, espaços e ouvintes à serviço da história. Tenho tentado a cada dia mais, estabelecer uma simbiose com as histórias. Elas passando por mim e eu passando a incorporá-las, minimamente estando presente (corpo e alma) na hora de uma narração, para que a história cumpra o seu papel de ser, presente.

Com o poder na minha própria narrativa, aprendi que todo ser humano tem necessidade de contar e ouvir histórias e é o que me propus a fazer aqui, contar um pouco da minha história e um pouco de como as histórias me empoderam a falar da necessidade manter a chama das histórias acesas, em cada coração. Nesse jogo de provocações do contar e ouvir histórias, nunca sabemos a dimensão do que provocamos no outro, menos ainda o que realmente o fragiliza e assusta. O próprio ouvinte passa a administrar suas dores e dificuldades, e nós narradores, não temos nenhum controle sobre isso. No exercício da escuta, ninguém pode impedir ou obrigar o outro a escutar, mas podemos criar um caminho que facilite essa jornada e é isso que as histórias mostram: todos nós temos condições de encontrar nesse caminho o encorajamento e empoderamento contribuindo para amenização da sofrência daquele que ouve e daquele que narra. Finalizo este trabalho fazendo minhas as palavras de Mellon:

> Temos um local gerador de calor e luz dentro de nós. Ao redor dessa fonte, sentimentos, imagens e palavras se encontram. Na medida em que nos conectamos com plenitude e a esse fogo interior, tudo que se move em direção a essa chama curativa, seja na forma de um amigo ou de um inimigo, será aquecido e iluminado. (...) Você, como todo ser humano, é um contador inato de histórias. Você nasceu com um estoque inesgotável de temas pessoais e universais. É importante abrir-se para receber essa vasta riqueza imaginativa que vive dentro de você. (MELLON, 2006, p.23).

REFERÊNCIAS BIBLIOGRÁFICAS

ADAMS, P.D. **Entrevista Memória Roda Vida** – Fundação Padre Anchieta – http://www.rodaviva.fapesp.br/materia/182/entrevistados/patch_adams_2007.htm, 05/11/2007.

CORTELLA, M.S. **Não nascemos prontos! Provocações filosóficas.** Petrópolis – RJ: Vozes, 2009, p.12-13.

EGAN, K. **Por que a imaginação é importante na educação?** Campinas – SP, Papirus, 2007, p. 11-37.

ESTÉS, C.P. **O dom da história: uma fábula sobre o que é suficiente.** Tradução de Waldéa Barcellos. Rio de Janeiro: Rocco, 1998.

ESTÉS, C.P. **O jardineiro que tinha fé: uma fábula sobre o que não pode morrer nunca.** Tradução de Waldéa Barcellos. Rio de Janeiro: Rocco, 1996.

MELLON, N. **A arte de contar histórias.** Tradução de Amanda Orlando e Aulyde Soares Rodrigues. Rio de Janeiro: Rocco, 2006.

PAIVA, L. **A arte de falar da morte: a literatura infantil como recurso para ser abordado com crianças e educadores.** Texto elaborado a partir da tese de doutorado, 2008, WWW.luceliapaiva.psc.br)

PESESCHKIAN, N. **O mercador e o papagaio: histórias orientais como ferramentas na psicoterapia.** Tradução de Luis Henrique Beust e Robert Walker. Campinas – SP: Papirus, 1992.

Revista da Língua Portuguesa **O prazer de contar histórias** - Edição 75 de janeiro de 2012 – pg. 26 a 29, Ano 7 - WWW.revistalingua.com.br

SPINOZA, B. **Ética – Da origem e da natureza das afecções – parte III.** Tradução de Joaquim de Carvalho, Joaquim Ferreira Gomes e Antônio Simões. São Paulo: Nova Cultural, 1989.

ANEXO I

O ANJO RAPHAEL

Era uma vez, um anjinho menino e um anjo muito grande que viviam lá no céu azul e iluminado. De lá de cima, o anjinho menino adorava brincar nas nuvens fofas e brancas, cada uma tinha um tom de branco diferente, tinha também textura e gosto diferente. E ali, ele se divertia adivinhando as novas caras que as nuvens faziam e experimentando o gostinho de cada pedacinho delas. Um dia porém, as nuvens estavam mais espalhadas e não estavam querendo brincar de fazer caras engraçadas, e o anjo menino, sentou-se então na pontinha de uma delas e percebeu que naquela imensidão azul e branca lá embaixo, havia alguma coisa que ele ainda não conhecia.

Ele correu e perguntou ao grande anjo:

- O que é aquela bola tão imensa? O grande anjo respondeu:

- Aquela grande bola verde-azulada, é um planeta; o planeta Terra.

- E o que tem lá grande anjo?

- Lá existem os mares e oceanos com sua beleza e soberania, existem plantas e flores dos mais diversos tipos que enfeitam, alegram e curam. Também existem rios que cortam todo o planeta, e montanhas, vales e animais lindos e raríssimos.

Aquela terra também é muito fértil, tudo que se planta dá. Seus alimentos são saborosos, coloridos e cada um tem um aroma diferente. As cores da Terra, também são muitas, daqui, vemos apenas o verde-azulado, mas estando mais perto, seus tons e cores, sons e sabores todos se misturam com as cores que somente Deus é capaz de pintar.

- Nossa! Deve ser lindo realmente.

- Posso ir até a Terra?

O grande anjo, apenas sorriu e não disse mais nada aquele dia.

No dia seguinte o anjo menino estava novamente brincando nas nuvens e escolheu brincar nas nuvens mais baixas e olhou atentamente e dessa vez, viu os vales, as montanhas e suas árvores. Percebeu a grandeza dos rios abrindo seus caminhos e viu até um grande oceano. Tudo era tão lindo, tinha tanta vida que o anjo menino correu ao grande anjo e novamente fez a pergunta:

- Posso ir até a Terra?

- Não meu pequeno, ainda não chegou a sua hora.

Naquela noite, enquanto dormia o soninho dos anjos, o anjo menino teve um sonho. Ele sonhou que tinha vindo à Terra, e era um tempo que o sol brilhava muito, tudo florescia na grande bola verde-azulada, e ele se pôs a passear.

Vendo de perto, aquelas árvores eram diferentes das que ele via do céu, todas elas de altura e cores estranhas, algumas brilhavam muito quando o sol batia, outras não possuíam muito brilho. Era um lugar de muitos sons e cheiros, havia alguns meios de transportes bem primitivos e engraçados, diferentes dos que haviam no céu e dentro deles, seres luminosos que emitiam calor e cores diferentes...

O novo dia chegou e o anjinho menino acordou e foi contar ao grande anjo o seu sonho e perguntar o que eram aqueles seres luminosos.

- Sabe meu pequeno, aqueles seres fazem parte da mais perfeita obra do Pai, eles são chamados de humanos. Possuem uma capacidade e inteligência muito superior a toda criação existente entre o céu e a Terra.

São seres dotados de ânima e por isso são muito amados pelo Pai. Neles, foi desenvolvido também um alto poder de desprendimento, entrega e amor.

Lá existem homens e mulheres que recebem o dom divino de gerar nova vida inteligente.

- Assim como no céu? – perguntou o anjo menino.

- Sim, lá os homens são chamados de pais e as mulheres são chamadas de mães e quando as mulheres recebem a incumbência da maternidade, se transformam nos seres mais abençoados e plenos de toda a via-láctea, e seus bebês, são como você, anjos. Cada anjo chega à sua futura mamãe com uma missão. Muitas vezes, os

papais e mamães ficam tão felizes com a chegada de um anjo menino ou de um anjo menina, que pedem ao Pai, mais anjos para amar indiscriminadamente.

Naquele dia, o anjo menino não brincou nas nuvens, ele ficou lá só olhando as coisas na Terra.

Novamente, ele sonhou.

Dessa vez, ele viu um lar com um papai muito carinhoso e uma mamãe rica em afetos, nesse lar, havia um anjo menina. E esse anjo menina era muito feliz.

Puxa, pensou o anjo menino, eu queria morar aqui nessa família, esse anjo menina é tão lindo, tem cabelinhos encaracolados, pele branca como a da lua, sua voz é doce como néctar dos deuses e o seu riso, ah o seu riso, enche aquele lar de tanta alegria. O anjo menino nem percebeu quando chegou a mamãe daquela casa. Como era linda, olhos profundos, sorriso largo e emoldurando por um par de covinhas, cabelos lisos e sedosos, várias pintinhas no rosto, tão delicada e pequena, parecia tão frágil e indefesa.... e dessa vez, o anjo menino olhou profundamente nos olhos daquela mãezinha e rogou à Deus ainda em sonho, para morar com aquela família. E por alguns instantes, aquele ser mãezinha conseguiu ver o anjo menino com os olhos do seu coração.

- Você quer ser minha mãe? – perguntou o anjo menino.

- Sim, com todo o amor do mundo, disse a mulher.

Nesse momento, o anjinho menino viu um homem, muito grande que vertia água dos olhos se aproximar da mulher e perguntou:

- Você quer ser o meu papai?

- Claro, respondeu o homem, convicto.

E então o anjo menino acordou e correu para contar ao grande anjo, seu novo sonho.

- Todos os anjos tem esse sonho quando querem descer à Terra – explicou o grande anjo.

- Oba!! Então agora eu posso ir?

- Ainda não meu pequeno, você precisa esperar que a lua complete nove círculos ao redor da Terra e precisa saber que sua missão não será fácil. Você passará por momentos de profunda dor e solidão, momentos que sua mamãe, seu papai e sua irmãzinha não poderão passar com você. Eles sofrerão muito com seu sofrimento, mas juntos, vocês superarão todos os momentos de aflição. Haverá momentos que sua dor será tão intensa, que você pedirá ao Pai para te trazer de volta, mas o amor que o unirá a sua nova família, o fará novamente querer ficar.

Sua saúde na carne será frágil e você será um anjo muito especial, diferente dos outros anjos crianças.

- Ainda assim você quer descer à Terra?

- Sim, quero muito viver ao lado daquelas pessoas que daqui de cima, eu já aprendi a amar.

O grande anjo levou-o até um lugar muito especial, onde ele foi preparado, amparado, fortalecido e abençoado durante aqueles nove círculos. Quando o nono círculo foi completado, eis que surgiu um lindo arco-íris ligando o céu à Terra.

Todos os outros anjos, arcanjos, serafins e mestres ascencionados se despediram do anjo menino cobrindo-o de coragem, persistência, resignação e amor.

O anjinho menino sorriu e agradeceu e ali mesmo, entregou suas asas ao grande anjo e escorregou pelo lindo arco-íris, quando ele acordou, ele já estava olhando novamente nos olhos daquela corajosa mulher, e ela deu-lhe o nome de Raphael, aquele que cura e é curado por Deus. E Raphael, vive com sua linda família, Daniela, Marcos e a pequena e generosa Giovanna, onde é feliz e faz muita gente ao seu redor feliz, cumprindo a sua missão de curar a todos pelo dom do amor. Ele se tornou um lindo príncipe corajoso e valente que todos os dias, mata um leão quando acorda e outro quando vai dormir, com um só dedinho, conquistando o respeito, o amor e a admiração de todos os rodeiam.

E esse foi só o começo!

A partir das histórias de comemoração de aniversários das escolas Waldorf, segundo o livro A arte de contar histórias de Mellon, é que nasceu o Anjo Raphael, a história.

Printed by Books on Demand GmbH, Norderstedt / Germany